幸福的习惯

创造每日小确幸的方法

（日）内田彩仍　著
王春梅　　译

辽宁科学技术出版社

沈阳

篇首语

我的每一天，都是由很多的"小习惯"支撑起来的。

这些数不尽的小习惯里，应该有一些是我刻意而为之的，也有一些是习以为常的自然举动。

回顾我一路走来的路，正是这些不足为外人道的小习惯，让我百无聊赖的日常生活里也闪耀着些许亮光。清早醒来的时光、打扫的方法、工作的安排、与人相处的方式……

虽然说来都是些平平无奇的小事，但确实成了我在日复一日的平淡生活中能感受到的小确幸。

当然，时光荏苒，我在变，习惯也在变。

打扫的话，要是上午没时间就另找时间吧。

要是因为阴天没办法洗衣服的话，那就干脆定一个"洗衣机休息日"吧。

做饭这件事，要在平时花些工夫，做好随时都能开始"掂大勺"的准备。

所谓"习惯"，对我而言不是束缚，是我和幸福做好的约定。为了每天的"小确幸"，我和幸福约定好要"温柔地对待自己"。仅此而已。

有那么一段时间后，我忽然发现自己、家人和生活好像都有些微妙的变化。

　　回顾过去的一年，好像每一天都忙碌不堪。

当我留意到这种状态，就开始刻意在每天清早对着洗面台上的镜子，微笑着跟自己说"早安"！时间一长，我会发现自己每天的微笑次数正在慢慢增加。

本书中，赘述了很多我日常坚持的小习惯、调整情绪的小窍门。虽然有点儿琐碎，但也确实是我有意而为之的。

幸福的习惯日积月累，让我对生活中出现的每一个小确幸心存感激。

如果大家能在本书中获得共鸣、感到快乐，我也会格外开心。

内田彩仍

目　录

第3章 ···等身大的时尚感

第6章 —————————— 让幸福翻倍的秘密

图书设计　叶田idusmi
图片　大森今日子
助理　福山雅美

第1章

让生活岁月静好的习惯与心态

偶尔更新调节情绪的方法

你对自己调节情绪的能力有自信吗？会不会刚刚想做点儿家务，头脑中却突然冒出"好烦啊，不想干活"的念头，然后好不容易才下定的决心就忽然烟消云散了（苦笑）。

内心犹豫不决的时候也是一样。如果对这种情绪置之不理，问题就会一直盘桓在心头，让人忧虑焦灼。这会让时光在不经意之间变得荒芜。您有没有过这样的体验：坐下来，只是想一个人安安静静地放空 15 分钟，回过神来发现已经过去了整整 1 小时。内心荒芜的时候，时间的流逝会变得没意义，所以先鼓励自己行动起来吧。果断勇敢地调节自己的情绪，才是最容易让自己轻松下来的办法。

也许，你已经对此有所察觉，也已经为自己设定好了几个调节情绪的方法。即便如此，如果长时间沿用一个方法，大脑也会瞬间意识到"哦，现在需要刻意调节情绪了"，结果会导致调节效果越来越差。所以，偶尔更新一下自己调节情绪的方法，也是让自己时刻保持好心情的小秘诀。

而更新这些方法的秘诀就在于"回顾最近的自己"。例如开心的时候、心态平和的时候、集中精力的时候……究竟是哪些瞬间获得了这样的情绪呢？只要想起来当时的情况，再重新来一次就好了。通过再现当时的情景，可以让自己情绪迅速恢复到接近当时的状态。在心力交瘁的时候，依靠转瞬之间的力量缓解情绪，不会给自己添加更多额外的负担。

更新调节情绪的方法，也可能会让你惊喜地发现自己钟爱的事情，何尝不是一种小确幸呢？

每一天当中都有很多跟爱猫 Klim 在一起玩耍的时间。Klim 已经 12 岁了，它只要能安静地待在我身边，我就会心满意足。如果它能"邀请"我一起玩耍，那我当然也乐于奉陪。

如果工作毫无头绪

　　要是想不出来好点子，不如到周边的甜品店逛一逛吧。随心漫步，试着在蓝天白云下释放出自己的潜力、迸发出新鲜的思路、解决所有的问题，让新方案大放异彩吧！

如果清晨起床意志消沉

　　睁开眼睛就想到了宛若渡劫一样的家务，这难免让人打不起精神。那就先给自己留出 20 分钟，在网上翻看一下令人心旷神怡的视频吧。视频开始之前，告诉自己当视频结束时也要完成身心调整。当视频结束时，带着刚刚获得的愉悦感开始做家务吧！是的，一个小小的视频短片，也能给自己带来明媚的心情。

如果总是有些心烦意乱

最近倒是没什么特别的事情，但总是会因为"哦，要把那个做一下""对了，这边也需要处理"这样的事情心烦意乱。怎么才能轻装前行呢？这样的时候，戴上耳机听听音乐吧。一旦你沉浸到音乐里，就可以从心烦意乱里解脱出来，专心致志做家务了。

如果格外需要身心放松

　　当我需要从书面工作的情绪中转换出来时，会选择打开电视看自己喜欢的节目。设定好背景音乐（BGM），给自己营造一种咖啡店的氛围。看着赏心悦目的画面，听着喜欢的音乐，让情绪在轻松优雅的氛围中得到治愈。

十五分钟的回笼觉，创造自然醒的机会 ①

最近总是出门很早，没办法睡回笼觉。睡回笼觉是从前不需要起早时的小习惯。早晨的15分钟，可谓一刻千金，我会尽量让自己开开心心起床。

这些小习惯能让你每一个清晨都神清气爽

我很喜欢每天清早的时光，特别是想赖床的时候，每一分每一秒都显得弥足珍贵。记得小时候，几乎没有被爸爸妈妈反复催着起床的情况。可不知怎么，最近反而需要花些时间才能让自己醒过来。也可能是因为每天夜里都要看看 Klim，多少有点睡眠不足吧。就算这样，我也会在醒来以后给自己打气，"又是平安无事的一天"！是的，开开心心地迎接每一个清晨，是我对自己的小小要求。

　　首先，手机闹钟定到起床时间的 15 分钟之前。这时候要是觉得还没睡醒，那就按下"稍后提醒"键吧。打开电视开关，再重新把头埋进被子里。一边感受着新闻的声音慢慢钻进耳朵，一边感受被窝的温暖，就这样不急不缓地做好起床准备。这 15 分钟的回笼觉，仿佛一抹温柔的力量，带给我无限幸福的感受。特别是在冬季寒冷的早晨，要记得先打开暖气。想着"一会儿起来的时候房间就暖和了"，回笼觉的幸福感就更踏实了。

　　除此之外，还有些需要另外准备的东西。对于我来说，是眼睛和袜子。我不喜欢早晨光脚踏在冰凉的地板上，所以总是提前准备好袜子。为了坐起来以后马上能戴上眼镜，我会在睡前洗干净眼镜，然后放在床头柜上。虽然是琐碎小事，这些习惯也能帮助您从恍恍惚惚的清晨顺利过渡到意气风发的日常生活中。

　　工作忙碌，家事缠身，我们无法预料生活会如何改变我们的生活轨迹。即便发生变化，也不要意志消沉，带着明媚的心情迎接每一个清晨吧。无论何时，都要享受生活的乐趣。对我而言，生活的乐趣就是从每一个崭新的清晨开始的。

② 准备眼镜和袜子

"太冷了，不想起来。"我大概能想象到自己会脱口而出的赖床借口（笑），那就不得不先下手为强啦。冬季的时候，我更偏爱蓬松的羊绒袜。

③ 清早漱口

用最爱的漱口水慢慢漱口50次左右。睡醒后的污浊口气不复存在，同时也带动了下颚皮肤和肌肉的运动。这对缓解清早面部水肿很有效果。

做家务前
洗手 ④

用泡沫洗手液把手洗得干干净净。这是每天开始做早饭之前必须履行的规则。为了早起的好心情，睡觉之前整理好洗面台，更换好干净的新毛巾。

⑤
一杯清水

根据当下的心情选择杯子的颜色。以前喝热水或者凉白开，现在喝冷藏的苏打水。苏打水可以促进肠胃蠕动，正好符合我的需求。

⑥ 在整洁的厨房里做早餐

　　为了每天清早都能用到干净整洁的厨房，我要求自己前一天晚上一定要把厨房打理干净。早晨的心情会左右一天的情绪，请尽量心平气和。做晚饭的时候，可以随手把第二天早晨的沙拉准备好，那么第二天就能一边跟先生闲聊，一边准备其他餐点了。每一天的早晨，都要优雅从容。

崭新的起点

到了40多岁的后半段，满满都是对于自己变化的困惑和不解。纠结眼睛下面的一条细纹，每次照镜子都想用粉底霜修补一下。不满于肘部的色斑，下决心从此告别短袖衣服。放眼望去全是自己的减分项，不知不觉就是长长的一声叹息（苦笑）。

从那时候开始，不知不觉又过了10年的时间。那时候的纠结和不满，放在现在已经都成了笑谈。当我懂得改变不了时光有多任性以后，就不再敏感于日常的变化了。反过来，我更喜欢去寻找应对的方法。或许，50岁可以当作人生的另一个起点？从现在开始，是否应该顺应天命了？

在服饰选择方面，我认识到自己不再适合无袖款式了。说到成年人的着装风格，那可不是曾经我能随便挑战的。现在，我想从"新的起点"开始探索，不断尝试。例如佩戴小饰品，或者调整服装质地等。我享受变化带来的乐趣，也满足于在改变中发现自己的风格，然后改变自己的形象。

家中饰品也是一样的。虽说极简风格能让生活更简洁，但有鲜花点缀的房间总会有些不同。我有一个很中意的细口花瓶，但因为换水麻烦，清洗也麻烦，终归还是舍弃了。无论多美好，如果用力过猛就只能是减分项。这也是我生活中的小秘诀。

每一天，都有新的发现。每一天，都会认识与以往不同的自己。我学会了无视那些细碎的不堪，以最大的宽容对待自己。对自己最大的善意，莫过于温柔地面对自己。这就是真实的自我，我要珍爱这样的自我。

家中饰品更简约，换水也比从前方便。不需要很多鲜花，恰到好处地摆放在目光所及之处即可。

很多年前入手的灰色上装。既能在家穿，也能在出门休闲的时候穿。搭配不同小饰品，呈现不同的着装风格。出门的时候舒适得体，心中怡然自得。

午睡

　　身体的待机时间越来越短了。为了有体力应付傍晚的家务活，我也开始尝试自己曾经不喜欢的午睡。午饭后，在倦意袭来时小憩 15 分钟。工作间隙时的午休，会带走很多烦躁的思绪，有效缓解疲劳。

与肤色协调的指甲油

　　手上的皱纹越来越多了。只有与肤色协调的指甲油，才不会让气质丢分。最近选用浅色指甲油，涂好以后再涂一层透明指甲油，既能起到保护作用，又能提高亮度，真是双赢之选。

保健品

为了补充缺失的营养成分，准备了这样几种保健品。"预防过敏"和"多种维生素"是连续服用了 10 多年的常备药。最近因为手掌发热，又增加了缓解更年期症状的药品。其实只服用了 2~3 天，症状就有所缓解。

摇曳的耳坠

让面颊两侧熠熠生辉的长耳坠，也具备优秀的显瘦效果。这是我近期才刚开始尝试的款式。因为挑战了与以往不同的小物件，感觉自己焕然一新，感觉有那么一点儿喜悦。

一双金黄色的软皮芭蕾鞋。鞋子，是在低头时才能看到的风景。我会在稍微想时尚一点儿的时候穿上这一双能让我神采飞扬的鞋子。

从我做起，乐观开朗

几个月以前，我千方百计抢购到一张音乐家现场演奏的入场券。满心欢喜地等待了许久，不料越是临近现场演奏的时间，我的生活也越是忙乱不堪。到了演奏会前一天晚上，我心里想着："算了，还是不去了吧。"虽然准备许久，但心情已经不如从前。带着郁郁寡欢的心情，我又联想到Klim 最近身体欠佳，想到了究竟还要不要坚持这份忙碌的工作……就这样，在一个人独处的 4 个小时里，踌躇不定的乌云更加浓厚了。终于，我下定决心前往那场期待已久的演奏会。

在演奏会的末尾，音乐家来到前台向观众们致意，让我感受到度过了一段美妙的时光。

无意中淘到的金色丝线针织衫。在看剧、就餐等一些特别的外出活动时，我常常会穿上这一件。

就此，疲惫不堪的情绪一扫而空。音乐家在舞台上说了这样一句话，"今天的反省就是明天的希望"。这句话带给我莫大的勇气。当演奏会结束，我走出会场时，已经把来时路上纠结的林林总总都抛在脑后了（笑）。

有时候，我会把"自己"的优先顺序排在最后。虽然这么做没什么不好，但是那天的经历让我真实地感受到"今天，来了就对了"这种心态对自己有多重要。当自己感受到幸福的时候，心中会生出温柔，随之也会让身边的人感受到温柔。

以前轻而易举就能做到的事情，最近开始变得麻烦，甚至辛劳。正因如此，才更不要屈服于被追赶的状态。把每一件事情的优先顺序安排好，顾及自己真正想要去做的事情，才能让今后的生活步步为营，乐观开朗。

在 YouTube 上的旅行

我最近刚知道，我家的电视竟然可以上网。正因如此，我有幸开始了在电视上浏览 YouTube 的生活。例如，搜索"阿尔瓦·阿尔托（Alvar Aalto）"，电视上就会出现我以前曾经探访过的他的故居及作品。这样的画面不仅开启了我对旅行经历的回忆，也让我身临其境般感受到身处这位建筑大师的宅邸时的震撼。当我反复浏览了几次相关页面以后，情不自禁地萌发了故地重游的念头。在电视面前，虽然不能真实地感受到当地的微风和阳光，但能体会到身临其境时驰骋的心思和向远方的眺望，让人身心舒畅。

我喜欢小巧别致的房子。前几天，我又在搜索栏里敲入了"small house"的关键词，片刻之间全世界的小房子都尽收眼底。虽然听不懂每一种语言，但是画面还是紧紧地捉住了我的目光。因为自己感兴趣，我还抄下了些字幕上的文字，查阅到意思以后恍然大悟——"原来如此！"在家也能有这样的收获，丰富了自己的学识，可谓一件幸事。

看看这些小房子，不经意间发现了一个叫作"森之根"的频道。这个频道介绍了我居住的九州地区的情况，里面都是我熟知的信息，所以山林、乡土、户外场景都非常有亲切感，特别是节目中介绍的食谱实在让人垂涎三尺。我和我先生都是喜欢宅在家的人，现在这个频道已经成了我家晚餐时的保留频道，好像看着电视节目，我们也体验到了户外生活一样。

一边做家务，一边照看身体欠佳的 Klim，一边听着 YouTube 上的音乐或者浏览视频，这样一来，宅在家里的乐趣就又多了一点儿。

以前曾经探访过的阿尔托故居。
我时不时就会浏览一下这些视频，
好像旅行的延长线一般，温馨而
美好。

一直喜欢的北欧家具杂志和建筑书
籍。看到了与此关联的视频，从新
发现中找到乐趣。照片和视频，带
来不一样的感受。

想要变得更温柔一点儿的时候

　　结婚以后，很长一段时间里我都认为做家务是一种享受，也是一种消磨时间的方式。因为做家务也算是我的爱好之一，睡前搞定一切，给这一天画下完美的句号。可是慢慢地发现，真实的自己却与那个理想中的自己，稍稍偏离了几分。

　　尽管如此，我还是对自己有蛮高的期待值，反复对自己说"喜欢对吧，那就还能做吧"。坚持了许久，这几年我发现已经无法说服自己了。直到忽然有一天，我听见内心深处的另一个声音："这么多年过去了，还以为自己是超人吗（笑）。"

　　当下，我决定出门去买花。我常去的那间花店，只卖白色的花。在曾经那段奋力工作的岁月，家里摆的鲜花清一色是高雅的白色的。

　　推开久违的店门，立足于白色的花朵当中，沐浴着温柔的灯光，让我瞬间找回自己的生活。与此同时，我找回了从前那个努力的自己，找回了那段时光里清冽的情绪，找回了几乎要坍塌的内心平衡。深呼吸之后，我意识到，接受无能为力的自己，也是一种温柔。

　　25岁的时候，我期待自己"30岁的时候要成为更温柔的人"。那时候流行黑色服饰，我也顺应潮流总是一身黑衣。当我决定要成为更温柔的人时，心里想着"哪怕看起来温柔一点儿也好啊"，然后才开始穿白衣服。对于我来说，白色是象征着温柔的颜色。

　　在家里的某个地方，摆放着一束白色的花，每当目光掠过总能感受到温情脉脉。"要一直这么温柔下去啊"，这么想着，今天又去买了白色的鲜花。

彩色的花朵和几枝白色的花搭配在
一起。存在感十足的花，总要搭配
几枝能衬托出氛围的白色花朵。

用书写来调整生活和情绪

我有记笔记的习惯，大事小情都写下来。貌似很多人习惯用手机做备忘录，但就我个人而言，总是有种落笔为安的执念。并不是说"手写文字里带着什么念想"，单纯因为我觉得提笔落字更快一些，记忆也更深刻一些。使用手机备忘录的话，可能知道自己在手机里记录了什么，却又回忆不起来"记了什么"。然后，就不得不翻出手机，打开 APP，逐行查找，这对我来说是个挺耗费时间的过程，所以个人更偏好直接拿出手账来翻看。

在写重要邮件的时候，我也会先在笔记本上写草稿。一边写字，一边在头脑里整理思路、斟酌语言，直到自己认可为止。

以前，我会把所有的事情都记在一个笔记本上。虽说这样有"一本在手、万事大吉"的方便，但也会因为信息量太大导致查阅困难。所以现在我一共有 5 个不同用途笔记本，分别是日程笔记、家用笔记、工作笔记、购物笔记、随身便签。这样一来，就连我的大脑思路也被整理得清清楚楚，在有需要的时候也能第一时间找到相关信息。身心放松了，外出时的包包也轻便了。

年轻的时候，强大的记忆力曾经让我引以为傲，无论是居家生活还是购物行程，我都能牢牢地记在脑袋里。没想到现在总是丢三落四，很难记住所有的事情。因为这样，购物笔记里记录的商品款式、品牌、价格等信息，就帮了我的大忙。

最近使用的笔记本。不同用途的笔记本都有不一样的封皮，不仅能分门别类地记录，还可以方便快捷地查找。

要是让先生帮忙买什么东西，我也会准备一张便签，放在餐桌上。临时想到什么，还会补充进去。到了先生下班的时间，就把购物清单拍张照片发给他。要是直接用手机输入这种"购物委托"的清单，好像给人一种公事公办的感觉，换成手写的照片，就没那么生硬了。而且，先生会一边买东西一边看电话，就算还有些追加的东西，紧急联系也来得及。

在素色笔记本的封皮上，我会贴上当时喜爱的照片。用完的古董笔记本都会被收藏在储藏箱里，偶尔翻出来看的时候，只要一看封皮上的照片，就能知道这个本子大概的使用年份。要是储藏箱装满了，我会从历史最悠久的部分开始处理，基本上最近七八年的本子都能在储藏箱里安眠一段时间。前几天整理储藏箱的时候，翻了翻过去的笔记本，发现自己以前曾经写过这样一句话：身边好多麻烦的人啊！明明是自己写下的文字，现在看起来，却完全摸不到头脑，也真是挺有意思的。

拍照片发送购物清单

　　日用品都是常用款，这样先生才不会在众多的商品前犹豫不决。如果同一品牌下有很多种类，我就会画出商品的大致图形，一起拍照发给先生。

只记录美好瞬间的
3行日记

　　夜深人静的时候，偶尔会陷入妄自菲薄的怪圈。为了把自己拉出来，我会在笔记本上记录当天发生的美好瞬间。笔尖划过纸面，一边感谢这些美好瞬间，一边悠然地在幸福感中睡去。

工作的内容都写在一个笔记里

以前用的笔记本自带索引页，可是最近却买不到了。只好买来套环笔记本，拆开以后自己加上索引页。按照不同的工作任务做记录，还能自由调整每个部分的页数，用起来很方便。

每天一早决定当天的计划

繁忙的日子，要提前决定好优先顺序才能提高效率。我会把当天要做的事情都写下来，然后按照顺序逐一落实。无论有多慌乱，只要按照提前设计好的步骤执行，就不会有太大的偏差。写下具体的文字，心里会有"这么做就可以了"的踏实感。

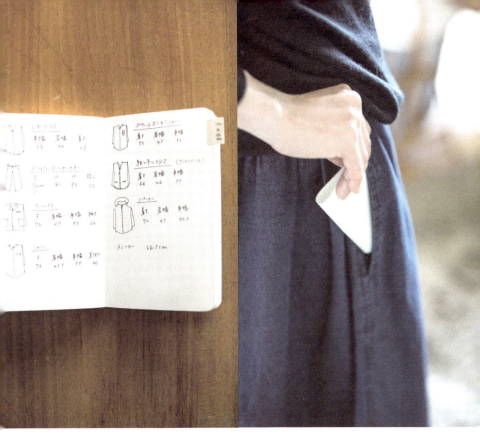

购物时随身携带的笔记本

经常购买的日用品品牌、参考价格等，我都会用图画的形式记录在笔记本上，然后随身携带。这个笔记本上，分别记录了适合我自己的、先生的、妈妈的款式，也包含一些服装尺寸等细节。

带着手写笔记去购物

就算写下了购物清单，也可能根本就忘了去看。所以我干脆把必买物品的清单写在另一张纸上，放进衣服口袋里带出门。手插进兜里就能拿出来，一点儿都不会觉得麻烦。

第 2 章

让居住环境更心旷神怡

在玻璃斑斓的投影中被治愈

家里有好几个摆放鲜花的地方，吸引目光的亮点就多了起来。最近用玻璃花瓶插花，只要摆在有光的地方，就算只有一枝花也不会显得单调。每次目光所及，都会由衷感叹一下"好漂亮啊"！

最近想要摆放出来的、想要用的，都是些玻璃器皿。这些玻璃器皿的设计理念，有的再现了冰块融化的样子，有的体现出清早露水一般的神韵，这些以自然为主题的设计让人心旷神怡。虽然对小物件的兴趣已经大不如从前，但这些充满魅力的器皿，又激发了我的恋物情结。

厨房储物架上摆放的调料罐，也都是些造型简单的玻璃器皿。能一目了然地看到里面的东西，用起来也得心应手。每每在做饭的时候不经意打开储物架的门，温柔的阳光就会散落在这里，让一排玻璃容器熠熠生辉。看到这样的场景，笑容就会浮现在脸庞，不禁回忆起从前来我家拍摄的摄影师说过的话："这里的储物架充满了玻璃的魔力。"

与其说喜欢玻璃器皿，不如说偏爱光线折射之后散发的温柔，就连里面装的东西都变得更加美好了。那样的氛围里，交织着影影绰绰的风景。我布置了这样的房间，然后被这样遍布着斑斓光线的房间治愈了。

每年生日的时候，朋友都会送精美别致的马克杯给我。我呢，就会再去买一些颜色搭配合适的玻璃杯回来。在清晨的阳光里，看着盛在不同颜色玻璃杯里的苏打水，感到身体里的疲惫都一扫而光。早晨选的杯子的颜色，顺其自然成为当天的幸运色。这样与自己约定好的"小秘密"，也不乏妙趣横生。

玻璃沙拉碗能盛沙拉，也能作花盆。因为重心稳定，能放心地把头重脚轻的玫瑰花放在里面。水光映射在桌面上，充满治愈的力量。

伊塔拉（Iittala Kastehelmi）的露珠系列烛台。早晨做完家务，习惯在开始工作前点上蜡烛。

伊塔拉的手工玻璃鸽子。爱猫 Klim 生病的那段时间，当作守护者买回来的"幸运的蓝鸟"。一直摆放在靠近窗户的架子上，每天傍晚迎接夕阳。

home sweet home
of comfortable days.

起居室和走廊之间门上的玻璃窗。阳光从阳台射过来，照亮了一句手写的文字"我的家是舒服的"。

起居室里摆放着伊塔拉 Ultima Thule 系列融冰风格的玻璃盆。颜值满分，还能用来放放水果、养养花。芬兰的玻璃容器真的都是精品。

平时常用的器皿都收纳在起居
室一角的碗柜里。我每年都会
购买几款伊塔拉的玻璃器皿，
越攒越多。

为了能让平淡无奇的晚餐展现出非凡魅力，推荐 Ultima Thule 系列的小盘子。单色玻璃器皿，在光线下看起来清凉通透，给人神清气爽的感觉。

高脚玻璃杯。一份盒装冰淇淋，两个人分开吃刚刚好。拿在手里大小适宜，也不会有水滴落下来。

盐、胡椒等调味料的容器，还有大大小小的量杯，都是玻璃器皿。打开柜门放光线进来，满眼都是精致和美好。就连做饭的兴致也高了几分。

充满魅力的渐变色杯子。色调优雅、造型独特，但价格却意外地很实惠。

这里的时光丰富多彩

由于摄影、会谈等事情，我家时常人来人往。客人到来之前，我一定会擦擦玻璃、拉开窗帘，满心欢喜地迎接客人。特别是每年的3月到7月之间，阳台上的花花草草一起萌发新意，嫩绿的枝叶宛如小森林一般。而这个时节，也是新书开始碰头和摄影的时节。来客们往往会在这点点滴滴的细节中得到灵感，这让我感到心满意足。

两个成年人在一起生活，倒是不会感觉不便，但我家的起居室真的并不宽敞。所以很多客人一拥而入的时候，总是显得起居室有点狭小。这时候，幸亏阳台上的一抹绿色让视线开阔起来，让人不至于感到压抑。大大的玻璃窗，让擦玻璃成了繁重的工作，但仰头看到的那一抹晴空可以补偿一切身体的疲劳。无论坐在摇椅上还是沙发上，总是不知不觉地把视线转到了那一片绿色里。

洗好的衣服，也会晾在阳台上。有一段时间，我会按照颜色排列衣服的顺序，让阳台空间看起来像调色盘一样。不知什么时候，草木茂盛起来，现在一切都以它们为优先了（笑）。为了不伤害到绿叶，我连晾衣服时都要先考虑一下位置呢。

浇水、换盆、施肥、驱虫……为了保护阳台的自然环境，也着实需要花些工夫。盆栽植物的养护虽然繁琐，但这小庭园让生活变得丰富多彩。对于我来说，这里，是很重要的一部分存在。

春夏之际，我家阳台上绿意盎然的一角。橄榄、绣球花、常春藤构成了生机勃勃的景象。

保留使用的日常小物

更换日常用品的时候，如果迄今为止使用过程中没有不便之处，而只是坏了的话，那我就还会继续选购同款商品。使用新物件的时候，总是要花些时间才能适应。但在日常生活中，还是用惯了的日常小物更顺手些吧。这就是为什么我的生活里有很多保留使用的日常小物。

领豪（Russell Bobbs）的电水壶，我已经连续用到第四台了。吐司炉也用到了第十个年头，最近出现了加热不均的问题，我想差不多应该重新买一个了。这款设计深得我心，让我百用不厌，不记得是哪本杂志，曾经把这款吐司炉评为"美味吐司炉第一名"。记得翻看杂志的时候，我心里还暗自喜悦。重新购买什么东西的时候，自然也会不自觉看看新款式，但最终还会觉得"还是现在的好啊"！保留使用同样款式的物品，有着情理之中的合理性。

毛巾等布艺制品也是一样的。厨房的毛巾通常选用宜家的。亚马逊的毛巾通常用来擦拭餐具，包住湿漉漉的头发。首先是因为使用方便，其次是因为价格合理。日常消耗品，价格合理尤为重要。

说到家用电器等大物件，第一个想到的就是洗衣机了。以前使用过无印良品的滚筒洗衣机，是我很喜欢的一个款式。就连置物台都是专门配合着这款洗衣机的尺寸定制的。没想到想买第二台同款洗衣机时，却发现这个型号早已下架了。我还真因为"以后买不到同一个尺寸的洗衣机了，有点失望"，闷闷不乐了一段时间。但意外的是，没过多久就重新在市面上发现了同款商品，于是毫不犹豫地订购回来。摆放到原来的位置上，感觉好像有些微妙的不同，但好在洗手间内的色调都统一成了白色，这种整洁感让我由衷喜爱。

无印良品的滚筒洗衣机

在无印良品看到了这款滚筒洗衣机。以前的洗衣机坏掉以后，经历了一番周折才买到了这台同款的新版洗衣机。开始的时候觉得黑色的门有点儿太过显眼，但用起来得心应手，用着用着就喜爱了起来。

14 英寸（1 英寸 =2.54 厘米）的铸铁锅

　　"煮的东西真好吃啊"，面对铸铁锅做出来的美食，我总是这样评价。除了煮制正餐，我也会熬一些苹果罐头、柚子茶等。由于铸铁锅的保温性能良好，我们可以先不慌不忙地吃前菜，然后再把早已准备好的正餐——麻婆豆腐端上桌。不用慌张也能吃到热气腾腾的美食，真让人感动啊。

DBK 的燃油暖炉

没有明火，使用安全，冬季的时候暖炉前的位置是 Klim 的专属座席。我喜欢简约的设计风格，也喜欢这款暖炉不烫不燥的热度，可谓是恰到好处的温柔啊。

皆川明手鼓面材质台灯

皆川明（minä perhonen）的手鼓面材质台灯，摆放在夜晚读书的地方。它的质地酷似陶瓷，风格复古怀旧，是一款细腻的家居饰品。

领豪的电水壶

　　常年使用的电水壶，纤细的壶口可以用来直接冲泡可口的咖啡。不锈钢材质深得我心，是一款兼具实用性和审美感的家用杂货。

领豪的经典吐司炉

　　我不喜欢吃切面面包，但这款吐司炉烘焙的吐司不会又干又硬，而且加热均匀。我已经决定下一次还要复购同款商品。就算是冷冻面包，也能无须解冻直接烘焙，实用性很强。

美容毛巾

　　洗完头发以后用来包头发的毛巾，从亚马逊购入。最近白发增多，需要开始染头发了。为了不让白毛巾变得难看，特意选择了这款灰色毛巾。为了防止掉色，使用前先洗一次。使用后放进洗衣袋里洗涤，晾干后仍然蓬松柔软。

绣花纱布手帕

　　在百货商店发现的纱布手帕。这款手帕不仅亲肤感优良，而且色泽洁白、吸水性强、无须熨烫。绣花图案优雅别致，价格适中，是可以随身携带的宝物。

素色擦碗巾

在亚马逊购买，专门用来擦拭餐具。不掉毛、吸水性强，能轻松搞定大量访客使用过的成批餐具。速干款，是一定会复购的款式。

宜家的擦手巾

在厨房使用的擦手巾，总是很容易弄脏，所以选择了这个能用力搓洗的款式。就连用漂白剂也不会掉色，能放心大胆地用来擦东擦西。我已经连续复购 10 多年了。

伊丽莎白W的身体精油

　　这是我使用的第三瓶薰衣草精油。香气和新鲜薰衣草一样，带来身心安宁。这款精油搭配无香料添加的护手霜，冬季再也不用担心手脚皲裂了。

宜家的日光蜡烛

　　香草味道的日光蜡烛，每天都点亮一盏来转换心情。甜美的香气，让人心情舒缓，好像正在享受一道精致的甜品。托它的福，我不会再吃过量的甜品了。真是一石二鸟。

简约风格的小饰品

　　10 多年前，在福冈的杂货店里对它一见钟情。收了这款项链以后，又陆陆续续收集了几款同样风格的饰品。帅气又不失女性美丽的设计感，常常成为日常着装中的亮点。

高筒袜

　　有蝴蝶结装饰的高筒袜。10 多年来我几乎一直穿着这款袜子。质地有光泽，散发着成年人的优雅，有黑色、深蓝和灰色。我这种皮肤敏感的人，好不容易找到了这么舒适的袜子，真心希望不要停止发售啊。

为了方便快递小哥，营造舒适的氛围，玄关处的日光灯会一直亮着。这散发出家庭特有的味道。

选择不需要多费心思的清扫工具

最近，越来越经常使用厨房用纸了。抹布在一天内反复使用会不断地滋生细菌，到处擦来擦去相当于把细菌涂来涂去。花工夫打扫房间，总不能变成无用功啊，所以我就改用了厨房用纸。根据不同用途，家里常备两种类型的厨房用纸，都挂在冰箱侧面，随取随用。这两种厨房用纸在不同的用途中大展身手，但完全没有清洗、漂白、熨烫的繁琐。这让我真实感受到，世界变得多么轻松快乐（笑）！

擦地的时候，也改成了用除菌湿巾。除此以外，这种同时具备消毒和杀菌两种功能的湿巾，还可以胜任擦桌子、擦家具灰尘等多种功能。以前这些事情都是用抹布完成的，与擦拭相比，确保抹布的清洁反而成了重头戏。时至今日，擦地这件事儿终于也成了"小事一桩"。

然后，为了再进一步解放自己，我还选择了一次性手套。例如清理下水道的时候、在阳台上给花草驱虫的时候，直接上手也有点为难。有了一次性手套，就可以毫无顾虑地完成任务。现在市面上手套型号多种多样，大多数都符合《食品安全法》的要求。如果想提前准备晚餐，又担心手上细菌影响品质，那就戴上一次性手套吧。

大概，我每天只能用到 1~2 次抹布。毕竟，每一天的收尾工作还是要用布来擦干水分、擦亮锅面。巧妙结合使用纸和布，能省去不少麻烦，也能更愉快地与生活相处。

上方是吸油纸，下方是厨房
用纸，放在一起便于取用。
无印良品的磁铁厨房纸巾架，
能稳稳地托起两卷纸的重量，
常年使用。

吸油纸的使用攻略

　　量贩吸油纸，具有优越的保湿性和吸油性，可以用来作滤纸。用途广泛，非常称手。

擦玻璃

雨后窗户很脏的时候，3层吸油纸叠加使用。另取一张沾水、拧干，叠在里面擦玻璃窗。去污效果惊人！

清洁首饰

柔软结实，可以用来擦鞋、磨戒指。用来擦拭银戒指，很轻松就能去掉黑色氧化层，恢复闪亮外观。

保存绿植

保湿性能良好，用来包东西也不容易破损。用湿吸油纸包绿植，保湿效果长到让人惊讶。

擦锅

擦干净锅里残留的水分，或者在锅底涂一层薄薄的油的时候，都能用到吸油纸。擦完之后不会留下任何纸纤维，无须再次打理。

擦玄关

建议你也尝试一下，把3层吸油纸叠起来打扫玄关。擦一下，对折、再对折，反复几面都用到，缝隙里的尘土也不会落下。

洗蔬菜

洗牛蒡、土豆等带土的蔬菜时，用吸油纸来代替小刷子。牛蒡的皮不会被剥离太多，美味就会留下更多。

厨房用纸的使用攻略

更好用的升级版"超强吸力厨房纸",轻轻一擦就吸干所有水分。

擦桌子

东西洒在桌子上时,用厨房纸擦一下就可以。不需要后续处理,擦干净以后直接扔掉。

包菜刀

芝士、羊肝羹这类的食材,容易粘在菜刀上下不来。这时候可以用印花厨房用纸对折后包住菜刀,很方便就能切好黏糊糊的食物。

保存蔬菜

取出蔬菜马上就能用来做沙拉,想想就是一件开心的事儿吧。可以在容器底部铺好打湿的厨房纸,然后提前洗好生菜等绿叶菜,分成小份放进去。持久保鲜。

湿巾的使用攻略

擦灰扫除的时候不用抹布，都用湿巾来代替。用后即抛，干净安心。

冰箱扫除

提前准备好一周的备用菜品之前，一定要把冷藏室擦干净。特别是容易发生食品中毒的夏天，湿巾能起到杀菌消毒的作用。

打扫洗手间

两层折叠使用，略感嫌弃的洗手间墙壁、瓷砖、上下水管道等，都能尽情擦拭干净。感觉浊气都消失了呢。

清理微波炉

对于无法清洗的微波炉，应该频繁擦拭保持清洁。摆放一包湿巾在旁边，随时使用。

餐后整理

用餐后的桌子、如厕之后的马桶等，都应该立即擦干净以便下次使用。轻轻一擦即可，防止变色、预防交叉感染。

擦拭洗衣液槽

洗衣机的洗衣液槽，很容易聚集湿气。洗衣液残留在里面，时间长了就会成为滋生黄垢和霉菌的原因。为了延长洗衣机的寿命，每次用完都擦拭干净吧。

擦拭垃圾桶

处理好垃圾以后，把湿巾叠成两折来擦拭垃圾桶吧。去污杀菌，不留异味，保持清洁。

擦拭宠物包

最近，爱猫贵体欠安，时不时就要去宠物医院。从医院回来以后，里里外外擦干净消毒。为了随时取用，放在玄关处待命。

擦拭小物件

希望家里遍布亮丽的风景，我会用酒精擦拭玻璃小物件。污垢一扫而光，重新焕发闪耀光芒。

擦拭化妆包

化妆包上容易留下粉底指印和干粉痕迹，用后擦拭，时刻保持清洁。这样，彻底清洗的次数也降低了呢。

一次性手套的使用方法

选择适合自己的尺寸，直接套在手上。不想用手直接碰触的事物，也不再令人讨厌。

擦鞋

去污的时候，戴上手套、用吸油纸蘸取鞋油，然后用力擦拭。特别是涂黑鞋油的时候，一点儿都不会弄脏手。

打理阳台

春季的新苗容易生虫子，戴上手套整理嫩芽吧。树脂材质既不怕水、也不易脱落，就算要从排水沟捡起落叶也没关系。

漂白衣物

手洗衣物时，不同的材质要用不同的洗衣液和清洗手法，戴上手套吧。就算洗衣液再刺激，也不会伤到手。

整理纸箱

网购多了，家里的纸箱也多了。那么整理纸箱，也成了家务之一。戴上手套，不仅防止割手，也便于用力捆绑。

提前准备沙拉

提前准备沙拉的时候，戴上手套比直接用手操作更能保证食品卫生。蔬菜的保鲜时间也更持久。

保存鲜肉

新买回来的肉，要分成小份保存。不要用手直接接触，戴上手套确保卫生吧。

防止手部皮肤过敏

剥山药皮或者打山药泥的时候，滑溜溜不说，事后还会觉得手指痛。戴上手套，就可以开心地吃到山药泥。

做食品加工

腌制蔬菜、肉类的时候，要把调味料都揉进食材里。这时候手套就派上了大用场，调味料的味道再也不会沾到手上了。

做家务之前来杯咖啡打打气

我喜欢做家务，是因为心里有小小的期待。"打扫干净以后，我就能在漂漂亮亮的房间里开开心心地喝咖啡了""准备好晚餐以后，我要去看刚买回来的那本家装书"等。心里期待着随之而来的小确幸，才能坦然并且愉快地面对不得不处理的家务琐事。

30多年来，一直保持的周日大扫除也一样。我家先生通常都在周一休息，我很喜欢提前计划在先生休息的时候我们一起去做点这个、做点那个，带着这种快乐的心情，随手就把家务做好了。我也喜欢一边动手做熟能生巧的家务，一边心里想想其他要用心考虑的事情，这样往往能让思路更加清晰。比方说想想正在写的书稿，往往脑海中就能浮现出最妥当的词语，帮助我表达正确的意义。这些灵感，多来自做家务的时间。

再怎么说我喜欢做家务，最近也还是感到有些吃力。虽说对随之而来的小确幸的期待并没有减低，但心里却暗自想着要不就改改打扫卫生的频率吧（笑）。

对于这种有所松懈的自己，我觉得好像也没什么不好。回忆起几年前，先生曾经说我"用力过度"。莫非我无意间营造了让先生、让周围的人不得喘息的紧张氛围？

一边苦笑着回忆过去的自己，一边叹息着"有点累"，就在即将陷入一动不想动的状态前，我决定"先来一杯咖啡"转换心情。让小确幸到来的时间提前，也可算作一个幸福的习惯。

已经用了 5 年左右的奈斯派索（Nespresso）。我享受沉溺在美味咖啡中的美好心情。先生只喝固定口味的咖啡，我会时不时尝尝新的口味。

清爽的地面带来的心旷神怡

从一年前的初夏开始,爱猫 Klim 频繁呕吐。有一次我没注意到,不小心踩到了。原本的皮革拖鞋不能洗,只好赶紧把外出旅行时带回来的室内拖鞋找出来,让家人穿上了。

拖鞋这种东西啊,不管多么精心穿用,不到一周的时间脚底就会开始变脏、变色。洗完澡出来时,看着拖鞋会有种"不想穿"的念头。换了几批拖鞋以后,我决定干脆都换成一次性拖鞋。

找找看,才知道竟然有这么丰富的种类。生活在物质生活极大丰富的当今社会,真是一件幸福的事情啊。身边的物品永远是干净清洁的,这让我感到踏实而放心。现在,夏天的薄拖鞋我家会每隔 1~2 周就更换、冬天的厚拖鞋大概每 1 个月更换一次。客人用的布制拖鞋,尚处于每 2 个月就要花半天时间清洗一次的状态。让我找找看,有没有可以替代的款式吧。

配合当下的生活节奏来说,选用生活物品的第一条件,就是使用过程中毫无压力。如果执着于"不能没有那个"的想法,有一天你会惊讶地发现,最终失去的是你自己。只要解决问题的心态足够柔软,就可以让危机转化成机遇。无外乎,帮自己减负而已。

在网上成套购买的拖鞋,价格合理。看起来就很舒适,收到以后先用纸把中间撑起来,整理一下形状。

夏季适合更加轻薄的款式。全家人都穿同款拖鞋，为了容易区分，我在自己的拖鞋上绣了一个 A。

冬季适合棕色或灰色的保暖款拖鞋。穿起来感觉蓬松温暖，给人非常放松的感觉。

我的断舍离

我在慢慢减少自家的物品。倒不是多想断舍离，只是希望可以把物品整理得更清爽些。以前穿过的高跟鞋以后不想穿了，曾经钟爱的蕾丝围巾好像也不适合我的年纪了。现在的自己，要着眼于未来的自己，把手里的物品整理得更有条理。

这种工程要想一次性解决，说来也是一场劫难吧。所以可以给自己设定好一天只整理一个抽屉，或者用一周时间把洋装都整理好。本着"明年这时候还会再整理一次"的心态，不慌不忙地推进吧。

对于家里的书刊，我花了3个阶段才整理完毕。对于我来说，书刊是无法舍弃的东西，所以我先把无论如何都不能扔掉的书摆放到了书架上。然后，再挑选出这一年来几乎没有翻阅过的书。最后，我又挑选出对未来的自己仍然会有所帮助的那部分。书籍也好，杂志也好，都按照这样的思路捋顺，让自己更容易做判断。

《Olive》，是我曾经非常喜爱的杂志。以前扔掉过一部分，自己在事后懊恼不已。但现在，我把剩下的一部分也处理掉了。这些书我曾经反复翻看，已经到了看到封面就知道里面是什么内容的程度，所以带着相见不如怀念的心情全部整理了一番。

对于家里的服饰，那些因为"容易打理""还能穿"等理由一留再留却始终不穿的衣服，我很多年前就已经处理掉了。我只留下了适合现阶段自身条件的、穿起来会使自己心花怒放的衣服。大概，整理后的衣服就只有从前一半那么多。衣服越多，越不容易整理。为了节省宝贵的时间，我决定只留下当下生活的必需品，给生活留白。

餐具：只留下来客时会使用的白色餐具套餐。其他的每款只留下 2 个。

一直想改成包包的白色衬衫。也不知道自己什么时候才会动手做，每次看到都干着急。放手吧。

喜欢的品牌目录册，有精美照片的杂志等，一直珍藏在那里。最终决定只留下近期刊物，在处理掉之前舍不得地看了又看。

第 3 章

等身大的时尚感

"恰到好处"的时尚

直到最近，我才终于找到最适合自己的着装风格。从40多岁开始一直变化的身材，终于在10年之后告一段落。我一边接受着现在的身材，一边寻找适合自己的时尚方法。

与此同时，最近的10年，我与父母的相处方式、周围的环境也发生了很多变化。生活中最优先需要考虑的，不是时尚而是舒适。我有过只要风度不要温度的生活态度。但现在，我更追求舒适整洁，能体现出良好的精神状态。说到时尚，兼顾"生活舒适感"和"时尚感"的服饰，对我来说就是"恰到好处"的。

去妈妈家的时候，为了帮妈妈，我会穿能腾出双手做事情的衣服。带Klim去宠物医院的时候，我会穿便于清洗的衣服，就算踩了脚印、就算沾满Klim的呕吐物也没关系。出门工作或者前往喜爱之地的时候，我会穿那些能让自己神采飞扬的衣服。一旦适应了这样的生活方式，一般场合的衣服也就固定了下来。但每一款衣服都是自己精心挑选的、也是自己非常喜爱的，每每穿上总能让自己心情愉悦。

是的，同一件衣服反复出现的机会更多了。这时候，能调剂色调、改变风格的服装或者小饰品就要闪亮登场了。比方说外搭一件长款针织衫，能起到改变风格的作用；一个小小的挂件，能让氛围更轻快明亮，这些都是带来时尚感的窍门。还有，就是我很喜欢穿脱方便、质感十足的长裙，特别是腰部是松紧的款式。到了我这个年纪，轻松舒适也是时尚的必要条件之一。

虽然我有时能用到遮阳伞，但大多数时候还是带着遮阳帽，以便解放双手。黑色皮圈或蝴蝶结装饰的款式，戴到哪里都不失可爱气质。

橡皮筋

    每天早上都要把头发拢起来，这样才便于做家务。刘海儿有不断变稀疏的趋势，我会用粗一点的卷发棒夹 5 秒钟左右。

存在感十足的耳环

    曾经我只钟爱小巧别致的耳钉，最近却总被存在感十足的耳环吸引。临时外出的时候，只要有这样的耳环在，就能支撑起整体形象。而且，漂亮的耳环还能让气色变好、气质变得更佳呢。

茶色的眼镜框

　　进入半百之年以后，生活里就离不开眼镜了，所以花心思寻找了适合自己着装风格的眼镜框。一直戴眼镜，免不了让耳朵备受负担，尽可能选择轻巧的款式。

长款上衣

　　近来，偏爱长款宽幅的上衣。
下摆飘逸的时候，洋溢出成年人的魅
力，也能遮掩略微发福的身材。带有
徽标（logo）的 T 恤衫，穿起来也不
会显得过分散漫，适合日常外出。

腰部松紧款长裙

　　我喜欢穿脱方便的松紧款长裙。我会选购那些长度够长、裙摆够宽的款式。长长的裙子能打造出平和沉静的气质，穿起来就不舍得换掉。

假两件的衬衫连衣裙

"今天穿什么好呢"。5年前开始，每天都会为这样的事情感到烦恼。以前，每每遇到这样的时候，我都会决定"穿连衣裙"，然后马上更衣出门。虽然我的着装风格有所变化，好像没那么容易选择了，但只要想到钟爱的连衣裙，还是能毫不犹豫地完成穿搭设计。以一件衣服为中心，再配以其他不同配饰，让衣着风格千变万化。

对我来说，究竟什么才是最合适的百搭单品呢？我曾经认真研究过这个问题。记得当时，我拿出纸笔认真地写下了关于不同连衣裙的优势和劣势。比方说短款连衣裙显得个子矮，质地蓬松的连衣裙显得自己胖……这些都是多么痛的领悟啊（笑）。再继续深入，又发现圆领连衣裙会露出脖颈，显得后背发圆；肩幅尺寸正好的连衣裙，根本抬不起胳膊……年纪大了以后，虽然不会时常挺胸抬头，但胸腔会变厚、脖子也会变粗，身材发生了意想不到的变化。

明白了这些事情以后，我选择了设计合理、尺寸相当的衬衫连衣裙。与此前相比，我现在通常会选购宽松一些的标准色连衣裙。这样的裙子能很好地掩盖走样的身材，不同颜色的长袖款式能满足全年的穿着需要。

例如在家的时候，一件连衣裙就足够了。如果有忽然外出的情况，扎上一根精美的腰带就能收紧闲散的状态。外搭一件对襟针织衫，可以强调纵向线条，看起来个子高一点儿。哦，对了！这样的款式特别适合我这种身材矮小的人。

衬衫连衣裙。不仅可以当作连衣裙，也能当作家居长袍穿，而且适合全年穿着。

白色衬衫连衣裙

　　这件白色衬衫连衣裙的材质是棉布的，脏了可以随时清洗，在家也能放心穿着。如果有点冷，就搭配一件色调协调的对襟针织衫，既轻松，又舒适。

只穿一件纯白色连衣裙有点儿不好意思，外面搭配黑色外搭，再用一条腰带给人留下深刻的印象。这一天的着装风格是商务休闲，所以搭配了巴拿马帽和藤编包。

秋冬季节，穿连衣裙的时候免不了脚下传来丝丝寒意。所以我总是搭配厚长筒袜和棉靴。深浅搭配，从视觉效果上来说有种别致的感觉，作为工作装也不失庄重。

黑色衬衫连衣裙

条纹毛衣和白色长裙是我秋冬季节的固定穿搭款式。外面搭配的黑色衬衫连衣裙，好像一件保暖的长袍，帮我抵御寒风，舒适地度过每一个清凛的早晨和瑟瑟的傍晚。

如果还是有点冷，就在连衣裙外面加一件羊毛外套。为了防止脖子着凉，连衣裙的扣子一直系到腰部，正巧盖住白色长裤的腰线，把微胖的身体线条藏了起来。

夏季，轻轻松松的一件连衣裙。最近日照特别强烈，为了防止晒伤，夏季也不会把袖子卷起来。帽子的质地要与手提包协调，尽可能看起来清爽一些。

轻薄的针织衫

现在选择服装的标准有两条，其一是便于行动，其二是穿着舒适。所以无论哪个季节，我都更偏好柔软轻薄的针织衫。长袖的针织衫宽松惬意，最适合不想过分强调身体线条的我。因为这样，不仅便于行动，也不会在本应集中精力工作的时候分心去考虑自己的体形。在不同款式的针织衫当中，我更喜欢下摆稍微收紧的款式，无论与哪种长裙搭配，都能巧妙地掩盖腰部赘肉。对于小骨架的我来说，真是再合适不过了。

即使在秋冬季节，我也能把轻薄的衣服搭配在一起抵御寒冷。如果穿着厚重的棉外套出门，回家的时候脖子也疼、后背也疼，这让寒冬里的外出变成了一场考验。所以现在我都会在轻薄的针织衫外面加一件对襟外搭，然后再披上长款羊绒外套。要是再冷一些，就围上厚厚的羊绒围巾出门。针织衫加针织衫的搭配，能把自己包裹在柔软的材质当中，身体放松了，精神就舒缓了。

如果有意识地搭配轻便的着装，自然而然就不会再选择凝重的设计款式了。从前，我挑选衣服的时候会看有没有可以拆掉的夹层，有没有藏在里面的衣兜，有没有精妙的做工等。现在回忆起来，发现那时候的自己为了追求奇怪的时尚，牺牲了一小部分生活的舒适感。但是，没有负担的生活方式，才是笑对生活的秘诀。轻轻松松穿上平淡无奇的简约服饰，恐怕是成年人的嗜好吧。

毛衣也好，针织衫也好，都选择
轻薄的款式。因为买衣服的频率
并不高，所以会选择每一天都能
穿、每次穿都很舒服的单品。

日常穿搭的优衣库

优衣库的服装，活跃于我的日常生活。说到理由，是价格合理、也便于清洗。另外，优越的功能性也是打动我的一个原因。优衣库的针织衫，可以用中性洗衣液在洗衣机里清洗，打理起来很方便。而且与其他品牌的服装相比，优衣库的服装不怎么会变形，也不容易起球，能毫不犹豫地扔进洗衣机里。我的长裙和围巾，也是从优衣库选购的，也同样能放进洗衣机里清洗。洗好以后拿出来，铺平晾干即可，连熨烫都省了。在日复一日的生活里，节省时间和精力也是一件重要的事情。

选择优衣库服装的时候，需要格外注意尺寸。正是因为款式百搭，所以尺寸并非适合每一种身材。就我个人而言，有时候就会遇到撑不起来的款式。身材不断变化，后背和腰部的赘肉不断增加，这也是我苛求服装尺寸的理由之一。所幸，优衣库的服装尺寸非常丰富。我在选购针织衫的时候会特别留意，选择比日常尺寸大 2~3 码的宽松款，每每穿上都很和谐。所以在店面选购的时候，应该多拿几个尺码去试穿，然后从中选择"最合适的一件"。

身处色彩缤纷的优衣库店面，如果对颜色犹豫不决的话，我最终都会选黑色。无论什么款式，黑色都是经年不变的经典色，看起来永远那么别致。

长款针织衫

　　这款针织衫虽然轻薄，但却具备防紫外线功能。我购买的是大两码的L号。蝙蝠袖设计，与正流行的宽松上装搭配在一起，一点儿都不显得突兀。

长裙

柔软而优雅，质地非常亲肤。下垂感恰到好处，就算再长也没有沉重感。腰部是松紧设计，上装厚度略有变化也能有所互补，全年都能穿。

衬衫

　　聚酯纤维的质地，就算扎在裙子里面也不用担心起皱。选择衬衫的时候，我会留意选择质地柔软的款式，这样就算身材有所变化也不用太在意，穿起来总是很有感觉。

3D针织衫

这件无缝编织的针织衫，是先量好了常穿的毛衣尺寸以后，最终确定的L码。因为穿起来很舒服，后来还复购了不同颜色的同款。搭配在连衣裙外面也好，扎进长裙里也好，怎么穿都很合适。我很喜欢这种穿搭的层次感。

日常内衣

最近比较沉迷于根据体形和洋装选择内衣。随着岁月流逝，就算身体的尺码不变，也会发生身材走样、肌肉变弱的情况，这就让我很难再忍受内衣带来的压迫感。

以往我选购文胸时，比较看中是否具备塑形的功能性。但这样的内衣一定会在身体上留下压痕，像我这样胸部小的人穿着，还会向上跑到很奇怪的位置去，显得胸部圆滚滚的。这可不是我自己一个人的问题，跟相熟的同龄人聊起来，她们也有同样的困扰。就连内衣店的店员，也跟我有同感。

后来，我为了寻找解决方案，尝试了简约的运动内衣和吊带内衣。试来试去，最终还是决定拆掉原有的 KID BLUE 文胸里面的胸罩垫，然后外面套一件运动款吊带内衣。这样一来，总算解决了问题。穿着尺寸合适的运动内衣，虽然面料轻薄但足以盖住下面文胸的线条，还能起到吸汗透气的效果，可以全年穿着。

选购长裙下面的衬裙，也花费了我一番工夫。我经常穿着的长裙，大多数是白色的、轻薄的麻料，为了不透出腿的线条，衬裙是必备之品。如果单纯为了寻求安全感，倒是可以选择厚一点儿的面料，可惜这样会让小肚子看起来更圆润了几分，而且走起路来有点别扭。有次在百货商店向店员咨询，店员拿出了价格不菲的几款衬裙，颜色还都不尽人意，最终还是没有出手。

试来试去的结果，最合适的是在网上淘到的晚礼服用长衬裙。白缎子质地，柔软适中、剪裁合适，走起路来也完全不限制活动。同款有 3 种颜色可选，自然麻色的裙子配灰色衬裙；深蓝色和黑色裙子配黑色衬裙；白色裙子就配白色衬裙。价格也非常亲民，多买几条回来穿也不心疼。后来，我又根据家里的裙子长度，略微修改了这些衬裙的尺寸。再后来，还买了同样材质的打底裤。

原本买来夏天穿的吊带背心，现在冬天也会因为开暖气出汗，为了吸汗透气，就全年穿着。

从腰部开始充满垂感，下摆宽大不妨碍行走，比长裙刚好短 5 厘米。

刚好想穿的鞋子

几年前，妈妈的趾骨折了。那时候我忽然意识到，年纪大了以后一点点磕磕绊绊就会摔断骨头。一年以后，妈妈总算恢复了自由行走，有天我们一起出门去买鞋子。欢欣雀跃出门去，没想到挑鞋子的时候却遇到了难题。妈妈以前喜欢穿那种有点坡跟的靴子，好像已经不适合了。现在挑鞋子的时候，要考虑脚掌形状、脚背高度、穿脱方便……试了又试，怎么都没找到"最合适的那一双"。3个小时里，试了不止几十双，最后妈妈决定买一双最便于行走的轻便鞋。

直到这个时候，我才忽然意识到"行走"是一件多么重要的事情。到了妈妈的年纪，只要有一段时间不行走，筋骨力量就会衰退。妈妈现在更倾向于追求穿着舒适便于行走的款式，喜好已经退而求其次了。我一边感恩着妈妈恢复了健康，一边想明白了一个道理："趁着还能穿喜欢的鞋子，尽情享受时尚吧。"

最近我一整年都在穿一双深色坡跟皮拖鞋，甚至到了根据鞋子来搭配服饰的程度。因为没有后跟，我在鞋里垫了硅胶垫，或者穿脚底防滑的袜子，尽可能让行走更舒适一些。

鞋子，不仅是时尚元素之一，还是提供足部舒适感的重要单元。所以选购鞋子的时候，要充分考虑脚步特征和走路方式，这是需要特别注意的地方。一双合适的好鞋，几乎是可遇不可求的。一旦遇到，就幸福地飒爽前行吧。

木质后跟的皮拖鞋

这双尖头的皮拖鞋，从前面看起来好像一双短靴，深得我意。粗壮的后跟带给我快步前行的安全感，敦实的木头质地让我从不担心崴脚。

系带鞋
（Lace-up Shoes）

　　Repetto 的软羊皮鞋具
有优秀的舒适感。因为是坡
跟，穿起来身体多少会有点
前倾，感觉自己随时可以踏
上旅途。搭配白色长裙，起
到很好的收束效果，是值得
信赖的一双好鞋。

前段开口的鱼嘴鞋

　　在促销打折的时候发
现了夏季款鱼嘴鞋。开口部
分不算太大，很容易与各种
袜子搭配。穿牛仔裙的时候
就穿这双鱼嘴鞋，显露脚下
的轻巧感，顺便更新一下自
己的气质。

鞋子的打理

　　同一款的鞋子，恐怕不会再买第二双了，所以不要吝惜为每一双鞋子花费的工夫。先用软布擦去灰尘，再用清洁剂擦掉污垢，最后涂上与鞋子同样颜色的鞋油。

防滑硅胶垫

　　为了每一双鞋子穿起来都舒服，我一定会用到硅胶垫。防滑、回弹力强，有效缓解足部疼痛。为了保持清洁，要定期用中性洗涤剂清洗。

第 4 章

犒劳身心的一日三餐

为了 10 年后也能身心健康

借助互联网的便利条件，详细计算每天晚餐食材的营养价值和热量。这样做并不多花心思，但是能立竿见影地感受到晚餐的成果。回忆一下，近期做晚餐的兴致还维持得不错呢。

最近，我都是一边计算热量，一边考虑如何搭配晚餐。毕竟，已经到了在手机上就能登录相关网站，方便地查询热量和营养价值的时代。在网站上，能了解到所有食物的营养成分、计算每一餐的热量总数，有种打游戏的欢喜感。经过积累，我也渐渐懂了一些食材的特性和原本不了解的营养成分。但遗憾的是，也更真实地懂得了广告里的那句话："美味食品都是由脂肪和糖构成的……"

我这么做的契机，来自于两年前的体检。那次体检的结果显示，我的体重虽然几乎没有变化，但腰围竟然比一年之前粗了 8 厘米。当时脑海中浮现出来的第一个反应，竟然是"不能穿喜欢的裙子了"，回忆起来自己也有点愕然。在那之前，我从没想过应该花心思考虑自己的饮食结构，但是"不应该不考虑"。啊！就是这次体检，让我下定决心做出改变。

最先着手的，是确认每一天摄取的热量总数。以我的年龄和活动量来说，每一天可以摄取的热量总数应当控制在 1650 大卡（1 大卡 =4.1868 千焦）。可没想到，每天用来拌沙拉的沙拉酱，就有 60 大卡。再来看看蛋挞，700 大卡。不看不知道，看了才发现每天早餐里的脂肪含量已经占了日摄取量的一半。以前做饭的时候喜欢多用一些芝麻，还喜欢在番茄汁里再加一些橄榄油……原来我的餐饮热量竟然这么高！痛定思痛，我决定改善饮食结构。

一旦开始留意，问题就扑面而来。例如为了给先生补充蛋白质，他想吃多少肉就给他做多少肉，结果脂肪含量超标。为了改善这样的问题，我开始严格控制每餐的肉量，缺失的蛋白用鸡胸肉、豆乳或豆腐来补充。为了尽量多吃蔬菜，除了蔬菜沙拉以外，还会多准备一些蔬菜来给肉类做配菜。有那么一段时间，我的工作重心都偏重在餐桌周围了呢。

持续进行的改变，在一年后的体检获得了回报——我的腰围恢复了之前的尺寸。我家先生也瘦了5千克。终于放下心来的同时，我也意识到调整身体状态这件事儿，并不受到年龄的限制，只要每天都留心，就一定有所成效。

现在，在手机上查询食材热量的生活已经成了常态，每天的晚餐准备显得轻松了很多。能在这个年龄遇到改善饮食习惯的契机，是多么幸运的事情啊。

充分摄取身体所需的营养成分，整个人看起来会有种精神焕发的感觉。多阅读介绍食谱的书籍，在每一天每一餐里多花些工夫。

用豆腐补充蛋白质

晚餐的餐桌上一定会有豆腐。为了不至于厌倦这种平白无奇的味道，我设计了几款不同的配菜方式。选择胡萝卜、彩椒等色泽鲜艳的配菜，让晚餐色、香、味俱全。

一小汤匙油

炒肉或煎鱼时用的油量，被我控制在一小汤匙。一小汤匙的橄榄油，热量大概为 43 大卡。因为使用氟加工的不粘锅，即使油少也不用担心煳锅问题。

含钙牛奶

　　每天早餐喝的牛奶，都是低脂高钙款。我其实不太喜欢牛奶，但到了这个年纪，考虑到自己的骨骼健康，很努力地在坚持着。

用纳豆守护骨骼

　　最近体检结果显示，我有点骨质疏松，医生说我应该每餐都吃点纳豆来补充维生素 K。因为先生不喜欢吃纳豆，所以我就常备在冰箱里，在晚餐之外的时间想起来就吃一点儿。

拒绝一成不变的菜单

我家很重视一起吃饭。一起吃饭的时间，不仅仅是"一起吃饭"，更是大家聚在一起团聚的时间。我们围绕在餐桌旁，聊聊这一天遇到的事情，谈谈想要彼此分享的细枝末节。当然，也会聊聊不足为外人道的八卦消息。无论是吸引人的新闻，还是百无聊赖的牢骚，我们都能一边吃饭一边说出来，相信很多家庭都是这样的吧。

只要餐桌呈现出这种平和安康的氛围，每个人都能无所顾忌地说出心里话。每日如此、每餐如此，做的人如此、吃的人也如此，这是不会令人厌倦的日常生活。我知道让人梦绕魂牵的"家的味道"很重要，因为里面包含着亲手制作的心意和温暖，但也会精心搭配些"新鲜感"。这样，我家的餐桌才能历久弥新。

最简单的方法，就是从又快又简单的沙拉开始做改变。总之每天都要吃蔬菜沙拉，那就把各种各样的蔬菜放进玻璃碗里吧。最简单的一道菜，往往会成为我家餐桌上的主角。我有时候会借鉴厨艺大师出品的沙拉食谱，取长补短地调整自家沙拉的种类、刀法、摆盘方式和调味料。还有一个重点，就是选购应季蔬菜。应季蔬菜的好处是看起来养眼、吃起来健康，最关键的是避免了一成不变的"绿色沙拉"。

精心搭配的餐具，能成为餐桌氛围的主导，是我非常花心思的一个环节。但只要习以为常，无论是采购蔬菜，还是搭配餐具，都能够易如反掌地完成。要是先生看到餐桌是能"呦"的惊叹一声，我的心中就会窃喜："成功！"

为了每天都吃到不同口味的沙拉，我准备了一些香草叶和西式泡菜。昨天用了日式姜汁调料，今天就吃油醋沙拉。

提前做好准备的益处

这段时间，我的生活节奏是这样的：每个周日，收到生鲜快递送来的一周份新鲜蔬菜。接下来，对蔬菜进行提前摘洗和分包，然后放进冰箱里冷藏起来。洗干净沙拉用的蔬菜以后，放进铺好了厨房用纸的保鲜盒里。芸豆、绿叶菜可以快速用热水焯一下，做好随时可用的准备。还可以偶尔做点儿咸菜或泡菜，算是口味的调剂。这些食品全部处理好以后，周日晚上的冰箱被装得满满当当。看着品类丰富的冰箱，我会对自己说"今天也很勤快呢"！然后松一口气。

其实前一段时间，我还是需要每天花些时间准备晚餐的。因为没有做任何提前准备，所以工作忙碌的日子里，晚餐总是在手忙脚乱中完成的。可以想象，这个过程中充满了诸如"摘菜好麻烦啊""忘了烧开水了"等情理之中、意料之外的感叹！事后想想，那场面也够热闹的。慌乱的日子里，被剥夺的不仅仅是时间，还有稳稳当当享用晚餐的心情。

直到有一天，我忽然醍醐灌顶：要是冰箱里备好了现成的蔬菜，问题不就迎刃而解了嘛！"每天都吃这么多蔬菜，对身体一定大有好处"，怀着这样的信念，我总能在提前准备蔬菜的时候心情愉悦。但除此之外，还要琢磨炒肉、蒸鱼等其他菜肴，说起来事情也不少。这反倒让每一个忙碌的日子结束之前，有了点儿积极的期待。

大米饭也可以多做出来一些，分成小份放进冰箱冷冻保存。在疲惫不堪的日子里，这些冷冻米饭能像救命的稻草一样。从冰箱里取出、加热，然后把早已准备好的沙拉装盘，最后只要再来一碗味噌汤就大功告成。在累到没力气思考的时候，有这样一顿热气腾腾的饭菜，会让你感到世界仍然很美好。

使用有机玻璃的保鲜盒，能一目了然看到里面的东西，也能防止串味儿，保证清洁卫生。

提前做好准备后，周日傍晚的冰箱
处于这样的饱和状态。我喜欢这样
的画面，看着就感觉下周也能心无
旁骛地继续工作啦！

为了应对菜肴稍有欠缺的
情况，提前准备一些咖喱
酱和豆制品。

为了改善脂肪摄取过量的问题，现在大多数时候都吃蒸鱼或烤鱼。少油款番茄意面酱也是常备食谱之一。

为了让肉类食品的体积看起来大一点，经常把肉片卷在蔬菜外面吃，例如卷芦笋、卷西葫芦、卷芸豆等。

稍有空腹感的时候拿来填饱肚子的煮南瓜和拌菠菜，糖分含量少，是每周必不可少的食谱之一。

可以用冷冻米饭搭配出应季风格，比方说像这样摆放上一枚盐浸樱花。疲惫的日子，浓郁的香气可以多少提升些食欲。

唾手可得的美味小食

我用一箱子的旧书，换了一盒卢比西亚（LUPICIA）茶。打开一看，里面整齐地排列着被分别起好了名字的茶包。这些小茶包的种类各自不同，每一款都是我印象中没有体验过的味道，口感充满新鲜感，令人陶醉。附赠的小册子里，详细介绍了每种茶叶名字的起源，边喝茶边阅读，让饮茶时间充满乐趣。喝到自己中意的茶包，我会特意在小册子上画上记号，下次朋友来做客的时候一起分享。甚至有些味道让我欲罢不能，后来干脆自己又去买了同款回来。红茶，原本就是让人着迷的味道。写到这里，我已经按捺不住想赶紧品尝新品红茶了。

明治巧克力（THE Chocolate）是独立包装，易于保存，而且味道非常地道。我喜欢可可含量高的巧克力，尤其钟爱这一款。有点儿疲倦的时候，从玻璃容器里取出一块，配着浓缩咖啡一起品尝。人生的幸福时刻啊！

还有无印良品的"大米仙贝"也是我经常购买的一款零食。一个人在家，感到肚子有点饿的时候，拿出来充饥刚刚好。要是拿点儿芝士放在这种仙贝上，再放进烤箱烤一烤，那味道还会让人情不自禁地联想到同样是无印良品出售的"洋葱汤"。这款洋葱汤味道浓郁，有点类似洋葱奶油焗饭。其实我不太喜欢奶油焗饭的口感，所以这款洋葱汤正适合我。在这腾腾香气的面前，自己也变得格外可爱。

排列得像书本一样整齐的茶包。这个系列每年只发售1~2次，每次套盒里的内容也有些许变化。

应季新茶要装进盒子里，标明具体的水温和浸泡时间。按照说明书的方法泡茶，确实味道更胜一筹。

路过无印良品的时候，一定
会买回来的大米仙贝。把小
咸菜或新鲜蔬菜放在上面，
有种下酒菜的感觉。

跟芝士一起烤出来的大米仙
贝，可以和洋葱汤一起品尝。
如果恰好有百里香等香叶，
不妨点缀一下。

带皮花生和巧克力是我家的固定零食。容器分别是透明带盖塑料盒和玻璃罐。

写稿的时候忽然困意袭来……这时候需要浓缩咖啡和巧克力组合救场。

第 5 章

那些无比珍贵的人

互补的夫妻

夫妻二人共同生活的日子，是从 20 多年前结婚以后开始的。家务、政府部门登记、银行事务、保险这些事情，原本都由我来负责，直到最近十几年，先生才开始帮我分担。即便如此，也还是有些只有我才能驾轻就熟地处理的事情。有时候，很希望所有的大事小情都能跟先生分担。我理想的生活，应该是那种"家务互补、外事全能"的状态。这可不是一朝一夕就能实现的，无论如何都要经过日积月累的磨合，才能达成互补共生的默契。

对我家来说，最先在家务互补互助方面花了些工夫。比方说，结婚之后的 10 多年里，我一直喜欢熨衣服，所以一直都是我在做。后来忽然有段时间，我腿疼到无法长时间坐着，先生就是从那时候开始参与熨衣服的。借这个机会，我还新买了个熨斗（当然，主要为了让先生用）。这个熨斗适合新手使用，能根据服装布料调整温度，也能一眼看出蒸汽水量还有多少，最关键的是简便。这种很容易上手的家务工具，成功助力了家务互助的进程。

清理浴盆，是先生主动承担起的家务之一。为了让他清理浴盆之后还能顺便帮忙打扫浴室，我又收集了整套打扫浴室的小工具。

当然，平淡的琐事可不仅仅只有家务而已。其中最重要的，就是常年担任街道委员会会员的工作了。

我家先生是个内向的人，不擅长处理这种家长里短的事情，所以之前都是我来处理。有那么一年，我把这项工作交接给了先生，没想到他从每月一次的例会开始，发展到参加社区周边的巡检，直到现在每每有活动都

为了能两个人一起照顾
爱猫 Klim 的日常起居，
我家的猫咪用品都统一
放在一个地方。

会积极地参加。反倒是我，了解到先生的这样一面，很是惊讶。原本以为朝夕相处的两个人已经足够相互了解了，其实也不尽然。

最近一段时间，我开始考虑身后事。有那么一天，无论哪个人先走，剩下的那个人也要安康无忧地生活才好啊。想到这些，我不由得着手准备了一些事情。我的第一个步骤，是从选购日常用品开始的。在物质极大丰富的生活环境里，去往周边的超市和药店挑选日常用品，意外地令人身心疲惫。我联想到多年之后行动更加不便的场景，决定不给那时候的自己和先生增加任何一点儿负担。于是，选购日常用品的先决条件，被定为"一定放在某一家商店的某一个货架的某一个位置上"的款式。毕竟，购物本身就是一件耗费精力和体力的事情，不要让自己感到劳累才是最重要的。

夫妻，是最亲近的家人。日常带着互助互爱的心情一起生活，会让点滴的幸福不断增加，也能让未来的岁月更加静好。相互之间率先迈出的每一步、为增进和谐调整的每一种思维方式，都是为更明媚的未来奠定基础。

先生也能一目了然的
日常用品

熨斗就放在起居室的柜子里，随取随用。那个白色的熨斗，是十几年前专门给先生买来用的。右边那一个熨斗，是第二代产品，前一代熨斗用坏以后被淘汰掉了。我熨衣服的时候，只要不是麻质服装，都会用到这一台。

厕纸都放在伸手能够到的小柜子里，这是为了方便随时更换。我家的物品收纳原则是，在哪里用就放在哪里。厕纸放在这里刚刚好，也能及时发现"库存不足"，以便及时补充。无论我们谁注意到了，都会提醒对方记得去买。

　　家人共用的剪刀、签字笔等文具，都被收纳在一个固定的抽屉里。因为大家一起用，多少有点儿凌乱也很正常。要是实在看不下去，就动手整理一下。

　　日常用品的首选款式，是无论哪家店铺都能买到的款式。"美白"牙膏，同时兼具清洗意外染色的优秀能力。现在，我家先生也学会了如何选购日用品，回家路上帮忙买回来，我就省力多了。

带头处理自己擅长的事情

清扫厨房和洗手间的下水道时，要用到漂白剂，这些事情都是我来做。也不知道为什么，只要我用到漂白剂，Klim 就会过来探头探脑。每当如此，我只能打开排气扇，一边留意着 Klim 的动态，一边抓紧时间打扫。

　　清理浴盆的洗涤剂和海绵，就挂在伸手就能够到的地方。泡澡，是最令人放松而惬意的事情。为了不有碍观瞻，我把洗涤剂的瓶子换成了白色的喷壶。当然，海绵也是那种耐脏的颜色。

　　为了在不小心洒了东西，发现了什么污垢的时候能马上擦干净，我家常备湿巾。当然，在打扫厨房或者擦灰的时候，湿巾也是得力小助手。这里是我家的百宝箱，有一种"门里面应有尽有"的强大魅力。

值得被感谢的人

别人帮助了自己，明明心里充满感谢，但却因为关系亲密反而扭扭捏捏地没办法把"感谢"说出口。我知道这样不对，但也难免有时候最终把"谢谢"吞进了肚子里。

去年岁尾做大扫除的时候，先生帮我擦了玻璃。我无意间发现刚用过的玻璃清洁剂和脏抹布就扔在地板上。"明明干了活，怎么做不到善始善终呢"，当时我虽然毫不犹豫地伸手打扫了，但事后反思时却稍有懊悔。

说来奇怪，为什么当时我的注意力都集中在先生"没有做的事情"，却完全忽略了他"已经做好了的事情"呢？如果当时我能萌生出"玻璃都擦好了啊，真是帮了我大忙"的想法，是不是就不会心生嫌弃了呢？如果别人帮了我，我应该心生感激，并且溢于言表啊！

如果不是自家先生，我应该可以满怀欣喜地对任何其他人表达感激。但其实无论对方是谁，如果我能放下"要是他能……该有多好"的执念，而更珍视"他为我付出的努力"，那该是多么皆大欢喜的结局啊。无论何时何处，只要知道身边有心有灵犀的人存在，人就会变得更加坚强。我希望自己能始终心怀感激，永远心存善念。

对于眼前的事物判断，究竟是"已拥有"，还是"未得到"，就在自己的一念之间。能真诚表达谢意的人，才能真实地面对自己，寻求到幸福之道。

可以为母亲做的事

　　妈妈前两天来我家做客的时候，穿了一件毛衣。不知道为什么，我忽然意识到"哎呀，妈妈自己洗毛衣应该很吃力吧"。后来妈妈再过来的时候，我一定先帮妈妈挑选几件她应该会喜欢的毛衣，跟她说："穿这个回家吧，你的这件毛衣留下来我帮你洗干净。"妈妈愉快地接受了我的建议。从那以后，我去妈妈家的时候，也会顺便把大件衣物带回家洗。虽然是琐碎的小事，但我会因为能帮到妈妈而窃喜。

　　这段时间暗暗观察妈妈，发现以我的年龄来说尚可轻松完成的事情，对妈妈来说已经显得有些吃力了。虽说，这也是情理之中的事情。在跟婆婆通电话聊天的时候，她也会跟我发牢骚说："昨天还能做的事儿，今天怎么就没做好呢。"不知不觉，好像这样的交谈内容在慢慢变多。每一天，我都能感受到妈妈们的年华老去。

　　我知道，早晚有一天我也会变成那个样子，心里滋生出了惴惴不安。但越是如此，我就越能设身处地感受到妈妈们的生活不易。于是我换位思考，想想站在妈妈们的角度上去感受，对于她们不愿意听到的话题一定闭口不提。我要让妈妈们看到我的笑脸，要把对妈妈们所有的谢意都换作平实的语言亲口告诉她们。有一天我意识到，心里生出如此这般对妈妈们的心意，说明我是个成熟的女儿了。

　　现在的我，也尽力像妈妈一样，每天笑对生活。然后等待着，自己也变成被人喜爱的、慈眉善目的老奶奶的那一天的到来。

给自己洗针织衫的时候，也要把妈妈的针织衫洗干净。从起居室望向阳台的绿意，忽然想跟妈妈说"我好爱你"，随手拿起手机拨通了妈妈的电话。

闺蜜团

有一天，跟住在近边的闺蜜通电话的时候，无意间提到了今后生活方式的话题。闺蜜说她有点担心 Klim。每每我出差在外，都要拜托她照看 Klim。她像对待女儿一样照顾我家的 Klim，但直到今天，听她说出这样的话，我才真真切切地感受到："有闺蜜是种福气啊！"说到这个闺蜜，知道我出差在外会担心 Klim，不用我问就主动发 Klim 的照片给我看。她总能先人后己地对待朋友，我尊重这样的她。

给我带来"伙伴感"的，还有另外几个人，她们每个人都能平和地接受"好管闲事"的我。一次，我怎么也联系不上其中一个朋友，担心到直接打车去她家探望情况，结果是她忘了给电话充电而已。直到现在，那天"有惊无险"地开怀大笑，仍然是我们之间的笑谈。彼此担心的时候，毫不犹豫地行动起来。而我们彼此之间都能原谅对方的这种"莽撞"。这个朋友，她不会忘掉我的喜好。每到樱花盛开的季节，她都会提着樱花口味的曲奇来我家做客。而我呢，也心有灵犀地等着她，用一张布置成樱花风格的餐桌迎接她。我们一边把酒言欢，一边互相交流最近的生活。在逝水流年里，这样从内而外的放松时间，人生几何啊！聊天里的八卦消息，可是我们之间的小秘密。

到了 50 多岁，生活中挤进了照顾父母家人、关照自己身体状况的事情。都是第一次的人生，如果我们不互相交流经验，又怎么能轻松地过完这一生呢。

同龄伙伴，是难得的人生羁绊，我们能在未知的前程中彼此依靠、彼

樱花时节，闺蜜会带来
樱花口味的点心。我们
坐在一起乐享下午茶时
光，吃着应季美食，聊
聊时下的话题。您觉得
这样的时光如何？

此安慰。谁知道未来的人生里会遇到什么呢？在茫然无措的时候，有这样几位能当主心骨的朋友，我觉得是人生的一件幸事。

与人交谈，是治愈心灵的妙药。生病也好，贫困也好，这些不足为外人道的琐事，我们都可以彼此倾吐。言语之间，情绪就冷静了下来。

帮助，与被帮助，我从朋友那里得到了莫大的支撑力。我希望对自己的朋友来说，自己也是这样的存在。那么，我应该成为更加坚韧、更加宽容、更加明朗的人。

YOKUMO家的樱花曲奇是我的心头好。铁罐里有樱花口味和樱叶口味两种，我更喜欢樱叶口味。可以搭配樱花茶一起品鉴。

拜托闺蜜帮忙照看 Klim 的
时候，我会把每餐的猫粮
和药品分装好，与猫砂和
垃圾袋一起摆放在玄关处。
当然，不会忘掉给闺蜜留
下手写便笺的。

先生回家前 30 分钟要做的事

同时从事几份工作的时候，家里免不了被我扔得乱七八糟，成堆的资料和散乱的书籍，几乎让人无法下脚。如果还有些洋装和饰品等摄影素材，那场面简直像被小偷光顾了一样（笑）。但不管怎样，我都希望在先生回家的时候呈现出整洁明亮的家庭氛围。所以，从老公打电话告诉我要回家开始，到他进家门为止的 30 分钟，我会超级快速地打扫房间。

首先要给自己的工作收尾，然后整理书籍，最后进入大清扫环节。就算刚下决心"把这一段做完"，或者想着"再坚持一下"，也必须放下来切换状态。说实话，我自己也已经进入了身体待机时间变长的年龄段，如果没有特别沉迷其中，多数时候都早早收工。"今天就到这里吧"，我这样对自己说。毕竟生活本身才是最重要的。

打扫房间以后难免衣服上落有灰尘，赶紧拍拍干净，再用吸尘器打扫地板。要是书籍和资料堆满了桌子，就赶紧擦擦桌子摆放整齐。最理想的状态，当然是呈现出一尘不染的画面。但如果实在来不及，就如实地跟先生说声抱歉："家里有点乱，抱歉啊。"

在家工作，少不了家人的理解和支持。特别是拍摄工作的前一天，走廊上总是堆满了造型用的大小纸箱。对于身处其中却能毫无怨言正常生活的先生，我只能碎碎念出无限的感激。

先生回家前 30 分钟要做的事

① 接到先生的回家电话以后，先是要关上电脑，整理各种文件。

把书籍和文具摆放到固定位置，电脑也要收回工作桌上。

把合作伙伴们用过的玻璃杯和马克杯送到厨房。

招待客人的地方全部用吸尘器吸一下。

用湿巾擦拭角落和桌子。

④

洗干净所有杯子，为晚餐做准备，用酒精喷雾给洗菜盆杀菌。

⑤

用掸子擦拭柜子和清除杂货上的灰尘。

⑧

打扫结束后，把先生的拖鞋摆到玄关处。

⑨

盖上浴盆盖子，便于随时放热水。

那些能与我们分享快乐的人

跟朋友煲电话粥，她告诉我马上要去旅行，已经订好了酒店。那是我曾经去过几次的地方，也是我略知一二的酒店。虽然没有恶意，我却脱口而出："换家酒店好一点儿吧。"话刚出口，我就已经后悔了。我是真心实意希望她能来一场愉快的旅行的，但怎么就给人家泼了冷水呢……这让我懊悔不已。后来啊，我又跟她讲了诸如"那个地方可漂亮了""酒店的餐厅不错"等曾经给我留下过美好回忆的感受，总算把之前的失误弥补了回来。

年纪大了以后，经验和阅历也会增加，时不时嘴里就会冒出不合时宜的话。但是每个人的价值观都不尽相同，感受、认知也不一样，所以我怎么能把自己的感受强加给别人呢。说起来，更应该说一些能引发对方的思考、感受到希望和热爱的事情啊。无论什么话题，都应该回应给对方乐观而积极的语言。

诚然，人际交往的过程中，确实需要站在对方的立场上换位思考，接上"如果是我的话……"的下文。但在此之前，应当换位思考去听别人的讲述。然后，去判断对方是否真需要"如果是我的话……"这种建议。不要漫不经心地对他人的决定进行评价，我想这也是一种温柔。

在交谈中，对自己的措辞有所选择以后，你会发现对方也会以恳切而真诚的语言来回应。别忘了，赠人玫瑰，手留余香。让彼此之间流淌的语言成为相互尊重、相互信赖、相互理解的桥梁吧。这一点，是我最近格外留心去做的。

Klim……应该一直陪在我身边啊

　　去年夏天，Klim 开始出现异常呕吐的现象。其实早在 5 年之前，它就已经因为生病而频繁造访医院了。尽管如此，这种异常的呕吐还是让我心惊肉跳，不顾深更半夜带它去宠物医院看急诊。确诊的结果是肠道中有异物。听到这个消息，我脑海中不知为什么浮现出了之前的爱猫 Milk。Milk 因为肠癌去世，难道又……一瞬间我心里乌云密布。记得 Milk 过世的时候，我满心都是愧疚，觉得要是再给我一次机会，一定要多为它做点什么。为了不让自己重蹈覆辙，我毫不犹豫地抱起 Klim 去了一家医科大

学医院进行更细致检查。

　　第一次就医以后，大概又过了 10 天的时间，诊断结果出来了，淋巴瘤。

　　据说这是一种有细小癌细胞的高分子淋巴瘤，医生说有种抗癌药可以有效治疗这种疾病。医生还说，人和猫服用这种药物的具体方法不同，对猫来说几乎没什么副作用，主人可以在家自己喂药等。我心存侥幸地问医生："要是不吃药治疗的话会怎么样呢？"医生说："那就大概只有一个月的寿命了。"

　　在等待检查结果的那几天，我心神不宁地翻阅了很多资料，看了很多参考书，几乎寝食难安。想来 Klim 也很难受吧，短短几天身体消瘦了很多。但即便如此，只要我起身去洗手间或者去泡澡，它都一定会挣扎着起身陪我一起去。那蹒跚而行的样子，看了就让人心疼。我感受到了 Klim 还想陪在我身边的强烈愿望，我又何尝不是如此呢。后来，我决定开始使用抗癌药。

每日服药，定期去医院复查，频繁打扫 Klim 的呕吐物和排泄物，戴上手套和口罩打扫卫生。因为担心，常常夜里起来看 Klim 的状态……回忆起来，那段时间真是不容易啊。就这样与病魔斗争了一年的时间，我们平安无事地迎来了 Klim 的 12 岁生日。这个原本以为不会到来的生日，让我们感慨良多。我们能彼此陪伴，也是一种修来的缘分啊。

又过了一个月，我们去医院复查的时候，医生说 Klim 的癌变症状有所缓解。听到这句话，我当场喜极而泣。就算知道还有复发的可能性，但当时的确感受到了由衷的宽慰和欣喜。

这一年来，我一直在告诉自己，要拥有可以随时面对生离死别的豁达。好像每天这么练习，原本多愁善感的自己也多少强大了一些。Klim 陪在身边的这些年，我很幸福，也很感激帮助过我们的每一个人。正因为 Klim 的陪伴，我才能内心平和地面对生活。现在的我，就是心怀这种感激，每一天都且行且珍惜。Klim 的体重已经恢复了正常标准，食欲也比以前旺盛了很多。跟 Klim 相处的时光总是充满欢乐，也许是我最能浮现出慈母笑容的时候吧。

Klim 刚来我家时的照片。我们都叫它的昵称 "Ku"。

156

珍视属于自己的时间

我不喝酒，晚餐之后还有一段长长的时间可以利用。可这样一来，我总是不自觉地想，留到晚上再打扫吧。年轻的时候体力尚好，再加上自己一丝不苟的性格，我曾经通宵达旦地完成过好多作品。如此这般的努力经营，给我带来了不少收获。到了现在，我虽然还是认为在能努力的时候要尽量努力，但这么强势的性格要改改才行。

以前，哪怕是半夜忽然想起来，我也会马上把白天没来得及洗的针织衫洗干净。一旦开了头，就会不自觉地洗了这个洗那个，根本停不下来。餐具柜上，只要有一块玻璃脏了，我就会情不自禁地把玻璃全都擦一遍。对于这一点，我偶尔嘲笑自己在挑战极限，是不是为了追求所谓的"窗明几净"，而过度地消耗了自己的体力？所以最近啊，我也告诫自己要"好好休息"。

先生睡觉以后，我还要再做一些家务才能进入"自己的时间"读书、看电视。正因为这一小段"自己的时间"，有时候我会忽然意识到还有家务忘了做！可是现在，我已经不会再强迫自己了，反而是觉得"哎呀，休息一下也挺好的啊（笑）"！在渐渐习惯了"自己的时间"以后，我的大脑和身体都接受了这种设定，睡前的时间能自然而然进入舒缓的状态，睡眠的质量也比之前好了很多。让自己身心放松的"自己的时间"，是通往神采飞扬的第二天的捷径。

在朦胧的灯光中和芬芳的花草茶中，把自己从一天的忙碌中解放出来，放松身心。最近一拿起书，就会犯困（笑）。

第 6 章

让幸福翻倍的秘密

勿忘初心

写书、设计服装、接受采访……这样的生活已经过去15个年头了。我喜欢兼顾家庭和工作的生活，但在犹豫着要不要接受新工作的时候，首要考虑的还是家人。

这么做的理由，是我了解自己并非豁达宽容之人。自知之明非常重要，对我来说，既希望诚实地面对一起生活的家人，也希望能郑重地面对即将到来的工作。跟从前的自己相比，我已经变得有点儿慵懒，但也不至于对生活和工作偷油耍滑（笑）。不忘初心，应该是守护幸福的秘诀之一。

我是那种只要获得了小小的成就，就还想"再努力实施""多尝试点儿新鲜事情"的人。这样的自己没有改变。但是现在，我已经学会了在感到吃力的时候果断放手。与工作相比，家人的存在才是无价之宝。我的幸福来自与家人共享每一个欢笑的瞬间，我不能忘掉这样的初心。我写的第一本书，就叫作《我家是最棒的 sweet home》，这是始终萦绕在我内心深处的一句话，也是让我无论何时都不会迷失自我的信念。家务也好、工作也好，都不要勉强自己去面对，伸个懒腰，我要神清气爽地安排好自己的生活。

年初新入手的护身符，装着 Klim 照片的挂件，都是能鼓舞我的重要因素。

自己的选择权

"这个用起来好帅气""这可是时下最流行的款式"……这些，曾经是我购物时的选择标准。以前，我喜欢打开手提包的时候，看到可爱的气息扑面而来，所以曾经选购了一款包装非常可爱的护手霜。没想到有一天，打开手提包的时候，惊讶地发现护手霜的盖子不知道怎么打开了，弄得手提包里到处都是（笑）。经历过无数次这种失败，我才终于放下了对"可爱"包装的执念，开始追求日常用品的便捷性和功能性。

当然，在好用的基础上，我还是会仔细挑选漂亮的外观。毕竟，这些都是给日常生活锦上添花的小东西。比方说，洗面台上放着的那瓶特别的洁面油，能在准备晚餐的时候让我眼前一亮的餐具等。我想，恋物没什么不好，至少可以提高自己对生活的品位和情趣。

年轻的时候，我把选购商品当成测试自己审美的机会。也许是因为我对自己没什么自信，需要用身边的物品增强自己的气场吧。我就这样一边恋物，一边挺胸抬头，一边带着自信去购物。即使多少有些不协调，也不会感到胆怯。在经历过各种各样的事情以后，我终于获得了重视自己"身心舒畅感"的能力。

现在，我只选择适合自己的东西。与这样的东西和平相处，更能理解世界原本就有的丰富多彩。

以前我会给随身携带的纸巾包都套上手工制作的外套。现在想起来，这么做应该是因为在意别人的眼光吧。现在更忠于自我，纸巾包什么的都"素面朝天"了。

所谓 50 多岁

我平时倒是没有很在意自己的年龄，只是到了 50 岁以后，时不时就能真实地感受到岁月带来的变化。

据说，日本人的健康寿命可以达到 74 岁。巧合的是，我的外祖母和妈妈都差不多在这个年纪开始生病，生活发生了很大的变化。我一路陪伴她们走过来，有时会不自觉地把她们的影子投射在 20 年后、30 年后的自己身上。于是，我开始思考应该为那时候的自己做点什么。从某种意义上说，可能只有从现在开始着手准备才能为自己赢得更光明的未来。

马上就能做的，无外乎是健康管理了。以前有点不痛不痒的事情，忍耐一下就过去了。但现在，我会选择及时就医确诊。每年一定要进行一次体检，每半年一定要做一次牙周病预防检查，这些事情逐渐成了生活中的惯例。我觉得只要身体健康，无论遇到什么事情都能应付得了，所以无论如何都要先保养好自己的身体。

还有就是无论事情大小，只要想做，只要还能做，都统统体验一遍。万事开头难，勇敢地迈出第一步，说不定哪一件就会给未来的生活带来积极的改变。这样的事情还真不少呢，比方说每天散步 30 分钟，去料理教室学做菜等。我还想再找机会去北欧转一转，那是不是还应该好好学学英语才能跟当地的人无障碍交流呢？

看着周围的长辈们，如果体验过丰富的人生，即使年华老去也依然能散发出光芒。我也想吸收各种各样的营养，让自己的人生旅途开满鲜花，然后在老去以后慢慢回忆。

省下钱实现梦想

买了现在这间公寓的时候，我心中同时涌起了两种感情，一种是拥有了自己住所的期待感，另一种是早点儿还完房贷的责任感。既欣喜，又不安，真是一种难以言表的情绪。

为了平复这种情绪，我用一支马克笔在长钱夹的显眼处写下了"省下钱实现梦想"的字样。现在看起来会让人哑然失笑，但在当时，确实是自己下定的决心。

从那时起，我会以每周为单位把每月的生活费分别放在不同的隔层里，只要有剩下来的钱，就马上存起来。当时的心情，不是要节衣缩食，而是决意通过小心经营来让自己的小梦想发芽开花。

时而，也有大额开销。比方说换掉开了十几年的车，重新买了一台新车。大家通常说换车的标准，要么是开满了 10 年，要么是开够了 6 万千米。正好从这个时间段开始，我家车的状态就开始走下坡路了。所以我们一边咨询二手车报价，一边确认车辆大修的费用，最终决定"那就换一台新车吧"。对我家来说，汽车不仅是代步工具，还是能稳稳当当坐着聊天的"起居室延长线"，所以选择车的款式可是一件大事。我喜欢的款式，是从正面看前脸好像一张笑脸的那种汽车。

所谓"让梦想发芽开花"，对于我来说意味着为将来积攒能量。而储蓄下来的钱，能让你有处变不惊的沉着和坚实可靠的支撑。就算现在我们两个人都在工作，也绝对不能肆无忌惮地乱花钱（笑）。金钱与我们自己的时间和劳动力是等价的，所以更应该着眼未来精心安排。

喜欢家饰品，但毕
是冲动型消费的性格。
正因为如此，我时常左右为
难得难以决定到底买哪个。
目录册都快被我翻坏了，也
差不多该决定了……

很多年前就随身携带的钱包，
还是被烫金的小票夹取代了。
里面有很多内页，很方便就
能把各种小票分门别类地收
藏好。

快把犹豫不决的事情解决了吧

以前的我，心里总是有个念头："生病啊，没钱啊什么的事情，不要跟外人讲。"想来，这是我刚步入社会时公司的领导和前辈对我说的话，之后一直被我铭记在心。

于是我腿脚生病的时候，并没有跟外人说。因为身体不适委婉地谢绝工作的时候，也曾因为没有明确地说出原因而导致对方心生嫌隙。而且自己越是不说，越会给对方留下病情严重的印象，反倒会更加令人担心。

所以现在，我经过一番反省，学会把疾病和金钱的事情明明白白地讲出来。工作也好，生活也好，与其欲言又止，不如直截了当地说出实情，这样反倒能让大家心无芥蒂地交往。后来，我会对工作上的合作伙伴说："我的腿脚不太好，能麻烦您帮我把行李搬过来吗？"我这样坦诚地说出来，真得到了大家很多关照。

关于金钱方面，也应该打开天窗说亮话。这不就是为了彼此都能寻求到最合理的价格嘛。比方说网购价格为什么比店面的价格还要贵？为什么还会有手续费和运费？不要自己纳闷，确认清楚以后冷静解决，才是能让人愉快购物的解决之道。

人与人之间，坦诚交往才能彼此信任、相互依赖。越是丑话，越是应该说在前面，要是没搞明白的话再确认一下就好了。这才是诚信往来啊，让我们快把犹豫不决的事情解决了吧。

往后余生的人生路

我在这里已经住了 25 年了。喜欢的家居饰品基本收集齐全，重新装修了以后，生活空间愈加舒适。对于我们夫妻二人的生活来说，这 60 平方米的空间恰到好处。房间面朝东南，一整天的时间里都有温柔的阳光洒落进来。要是移步阳台，还能感受到更加广阔的天空，在这里，我被治愈了无数次……忽然想起来，10 年前做最后一次装修的时候，我曾经把这里当成人生中最后一处住所，还认真花了点儿心思研究整体空间感。

没想到的是 10 年当中，我照顾患病的妈妈，照看 Klim 康复，一路走来，周围的环境和我的生活方式都发生了很大变化。

在我更在意家人感受以后，惊觉家里没有可以让人四肢舒坦的榻榻米房间。哦，对了，我把以前的日式榻榻米房间改造成西式卧室了……然后我意识到，原来我从那个年轻健康、万事以"我"为优先的自己，变成了现在能察觉身边人所思所想的年纪。

可以想象的是，以后先生在家的时间会越来越长了。对于常年在家工作的我来说，要是还能有一个单独的房间，才能在工作时不用顾及先生的感受啊。家，是家庭中的每个人都能心安理得生活的地方，这也是我理想中家的状态。家里充满了暖言细语，家人围坐在一起谈笑风生，那该是多么幸福的画面啊。现在，我仍然在不断探寻今后的生活方式。

为了能收集一周的报纸而制作的报纸架。现在都能用手机、用平板电脑直接阅读新闻了。10 年的时间，发生了多少变化。

希望我每一天都洋溢着笑容……

SHIAWASE NA SHUKAN
Copyright © 2019 by Ayano UCHIDA
First original Japanese edition published by PHP Institute, Inc., Japan.
Simplified Chinese translation rights arranged with PHP Institute, Inc. through
Shanghai To-Asia Culture Co., Ltd.

©2021辽宁科学技术出版社
著作权合同登记号：第06-2020-132号。

图书在版编目（CIP）数据

幸福的习惯：创造每日小确幸的方法 /（日）内田彩
仍著；王春梅译. —沈阳：辽宁科学技术出版社，2021. 1
ISBN 978-7-5591-1813-4

Ⅰ. ①幸… Ⅱ. ①内…②王… Ⅲ. ①生活方式—通
俗读物 Ⅳ. ①C913. 3-49

中国版本图书馆CIP数据核字（2020）第200834号

出版发行：辽宁科学技术出版社
　　　　　（地址：沈阳市和平区十一纬路25号　邮编：110003）
印 刷 者：辽宁新华印务有限公司
经 销 者：各地新华书店
幅面尺寸：145mm×210mm
印　　张：5.5
字　　数：100千字
出版时间：2021年1月第1版
印刷时间：2021年1月第1次印刷
责任编辑：康　倩
装帧设计：袁　舒
责任校对：韩欣桐

书　　号：ISBN 978-7-5591-1813-4
定　　价：32.00元

投稿热线：024-23284367　　　联系人：康倩
电子邮箱：987642119@qq.com
邮购热线：024-23284502